ENSAYO

CARL SCHMITT Y SEGURIDAD DEMOCRÁTICA

ANÁLISIS DEL LIBRO "NO HAY CAUSA PERDIDA" DE ÁLVARO URIBE VÉLEZ, A LA LUZ DEL CONCEPTO AMIGO-ENEMIGO Y DE LO POLÍTICO DE CARL SCHMITT.

DIEGO ALEXANDER REYES PRIETO

Agradecimientos

Emprender la ambiciosa empresa de construir, como si se tratase de un maestro de obras perfilando una pared, un texto robusto y sólido en argumentos, no es tarea fácil. Este ensayo académico, titulado: *"Carl Schmitt y Seguridad Democrática",* fue un intento por comprender una de las mentes más brillantes que incursionaron en la filosofía y el derecho durante el siglo XX: Carl Schmitt. Agradezco a la Facultad de Filosofía de la Universidad Libre en Bogotá porque fue en sus aulas, mientras cursaba la Especialización de Filosofía del Derecho, que encontré la manera correcta para acercarme a un pensador de los niveles intelectuales de Schmitt. Mi admiración al profesor Oscar Mauricio Donato, quien con su confianza, paciencia y apoyo me enseñó que debía subir "en hombros de gigantes" para poder ver más allá y comprender la realidad en que vivimos. Mis agradecimientos al decano Rubén Duarte quien tiene el don mágico de enseñar la filosofía como si se tratase de un juglar cantando gestas y hechos épicos. Al profesor Ciro Roldán por atraer a sus estudiantes, como un flautista de Hamelín, a sumergirse en su desbordado conocimiento. Al amigo Andrés Díaz por sus inolvidables charlas de filosofía. Al maestro Julián Parra Díaz por digerir este texto, dejarme ser su amigo y alumno, apoyarme incondicionalmente y animarme a publicarlo. A Omar Bula Escobar, por brindarme su amistad y prologar este texto. A Norberto Vallejo, por apadrinarme en muchos de mis grandes logros. A Héctor

2

García Ospina, amigo de innumerables charlas de café. A Fernell Ocampo Múnera, amigo entrañable que dedicó gran parte de su tiempo para leer este trabajo y hacer amables correcciones.

Llegado a este punto, quiero abrir el cofre más especial de mis agradecimientos. Nataly Cañarete, mi hermosa esposa, es mi combustible de amor diario para no dejarme vencer ante las inesperadas adversidades. Ella, además de ser mi correctora de estilo y compañera de debate, me lleva de su mano y me sostiene para alcanzar nuestros sueños. Sencillamente este texto no hubiese nacido sin su apoyo. Con todo mi cariño un agradecimiento a mis padres (Rosa y Hermes), a mis tres hermanas, a mi tía Nubia Reyes, a mis tíos y al recuerdo de mis abuelos que me acompañan siempre.

Contenido

Análisis del discurso de Álvaro Uribe Vélez en su libro: "No hay causa perdida", a la luz del concepto de *lo político* y *amigo - enemigo* del filósofo Carl Schmitt 73

Prólogo

Mientras que el mundo actual se ve amenazado por la inestabilidad política generalizada y es testigo del surgimiento de nuevas fuentes de conflicto, como el crimen organizado y el narcotráfico, el debate del papel del Estado se agudiza. Esto es aún más relevante, a la luz del nuevo paradigma geopolítico global del silgo XXI que enfrenta al Estado Nación contra el Globalismo. ¿Cómo, quién y qué debe regir los destinos políticos de una nación? ¿Cuál debe ser el papel del Estado ante estas nuevas amenazas?

Guardando debida distancia del contexto y de la coyuntura histórica en la cual vivió el filósofo alemán Carl Schmitt, el autor hace una comparación entre sus postulados y la posición política del ex presidente Álvaro Uribe Vélez - en la Colombia de principios del siglo XXI. Cabe notar, que el haber escogido dos personajes que generan tanta controversia para ilustrar un paralelismo teórico no es tarea fácil.

No obstante, con una buena dosis de rigor académico, el autor logra ubicar su argumento central de manera clara, matizando debidamente cada uno de sus apartes. El texto provee los elementos para reflexionar en relación con el papel que debe jugar el Estado en la vida de los ciudadanos y – sobre todo – en las premisas sobre las cuales se basa la acción política.

Independientemente de la opinión que se pueda tener sobre el parangón que se plantea, o sobre cada una de las personalidades involucradas, se menciona también el hecho de que el ex presidente Álvaro Uribe Vélez gozó de altos niveles de popularidad. La pregunta que podría surgir entonces es, en qué medida hubo una aceptación genuina por parte de la ciudanía de su plataforma ideológica - y/o qué papel pudo haber jugado la maquinaria de propaganda política del gobierno para lograr enmarcar la idea de amigo-enemigo en el inconsciente colectivo.

De cualquier forma, la riqueza de referencia hechas por el autor para ilustrar cada uno de sus argumentos desde una perspectiva diferente, permite que el lector profundice aún más en el razonamiento expuesto.

Omar Bula Escobar[1]

---

[1] Profesional en Administración y experto en temas internacionales. Políglota. Fue Director y Representante de la ONU en Senegal y trabajó con esta organización internacional durante más de 20 años en Europa, Oriente Medio, África y América Latina. Autor de dos obras sobre geopolítica global, Bula Escobar fue nombrado entre los 100 expertos en geopolítica más influyentes del mundo. Actualmente se desempeña como Consultor Independiente,

8

Profesor Universitario, y Conferencista en Management y Asuntos
Internacionales.

Presentación

En cierta ocasión, tuve la posibilidad de conversar sobre el contenido de este trabajo con el político colombiano y senador de la República, José Obdulio Gaviria. Gaviria ha sido amigo y confidente del ex presidente Álvaro Uribe Vélez durante muchos años y lo conoce a la perfección. Al tocar el tema del pensador alemán Carl Schmitt, el senador, que milita en el partido Centro Democrático fundado por Uribe, me aseguró que el ex presidente había conocido al pensador alemán gracias a su profesor, y más tarde contendor político, Carlos Gaviria Díaz.

En efecto, estos dos hombres, con ideas diametralmente opuestas, tuvieron contacto dentro de un aula de clase de la Universidad de Antioquia durante los años 70. Uribe era un joven entusiasta que militaba en el partido liberal y que siempre demostró su apatía hacia las tesis de izquierda. Por su parte, Carlos Gaviria era un profesor avezado en el derecho que siempre promulgó un respeto por los derechos humanos y que, para la época, impartía una magistral cátedra de filosofía del derecho.

Uribe siempre expresó un profundo respeto por el doctor Gaviria, no obstante fue crítico de sus apoyos y coqueteos con las ideas progresistas de izquierda. El destino quiso que fueran contendores políticos en las elecciones presidenciales del año 2006. Uribe se encontraba buscando su reelección y el doctor Gaviria era candidato presidencial por el partido Polo Democrático. Coincidieron en el aula de clase, coincidieron en el foro debatiendo en las diferencias, coincidieron en el amor por la política y coincidieron en un autor: Carl Schmitt.

Este trabajo no tiene ningún ánimo de hablar de Álvaro Uribe Vélez. Simplemente el discurso del ex presidente es objeto de estudio. La finalidad principal de este análisis es acercarnos un poco a la mentalidad de un genio del derecho como Carl Schmitt. Si el autor y los lectores pueden entender la idea de lo político y amigo-enemigo del pensador alemán me daré por bien servido.

Schmitt no solo fue un hombre de época, sino que fue un hombre que creó una época con sus reflexiones sobre política y derecho. Su inteligencia fue tan superior que tuvo la sagacidad de escoger a sus propios enemigos y contendores, como lo fue el filósofo Hans Kelsen, y su trabajo tan vasto y revolucionario que personas con ideas antagónicas se vieron seducidos por él.

Lastimosamente, Schmitt siempre generó tanto la admiración suprema como el odio más visceral y murió incomprendido y tachado de guerrerista. Después de terminada la Segunda Guerra Mundial vivió en el ostracismo intelectual, no pudo volver a dar clases en ninguna universidad del mundo y falleció en su amada casa de Plettenberg en Alemania.

Carl Schmitt y Seguridad Democrática

Introducción

A principios del siglo XX, aparecieron las teorías del brillante filósofo alemán Carl Schmitt, cuyo trabajo impactó en la élite académica y política del momento en Europa y quien promulgaba el fortalecimiento del sistema político y la deconstrucción del espacio liberal[2]. Schmitt fijó una definición de lo político en donde los agrupamientos públicos que se oponen existencialmente a otros eran tratados como enemigos, y la guerra era un contexto predilecto para encontrar un único vencedor.

Por otra parte, durante su gobierno, el presidente Álvaro Uribe Vélez (2002-2010), con un discurso polémico, permeó en la conciencia de millones de colombianos, dividiendo el país al extremo entre quienes eran amigos de su gobierno y los opositores a sus ideales, a quienes calificaba de terroristas o guerrilleros. Fue tanta la fuerza que inspiró este líder político, que gran parte de sus ideas se arraigaron en la población, llevándole a convertirse en el mandatario colombiano con mayor índice de aceptabilidad y reconocimiento en toda la historia del país.

---

[2] Deconstrucción del espacio Liberal: Schmitt se refiere al liberalismo como un corruptor de la verdadera esencia del Estado, la cual debe ser netamente política.

En el año 2012, Uribe Vélez publicó el libro *No hay causa perdida*, el texto de mayor éxito en ventas del mandatario y en donde, como él mismo ha dicho, consigna sus ideas y explica cómo un liderazgo audaz e imaginativo fue la clave de su gobierno, resolviendo incluso, los problemas más difíciles.

No obstante, el gobierno de Álvaro Uribe, además de gozar de una fuerte simpatía, también contó con muchos detractores, quienes lo acusaron de "guerrerista" y de sustentar todas sus políticas en combatir a un "único enemigo": las Fuerzas Armadas y Revolucionarias de Colombia (FARC-EP).

Este panorama lleva a revisar la teoría *amigo - enemigo*, de Carl Schmitt, para buscar similitudes con el discurso elaborado por Álvaro Uribe Vélez en la Política de Seguridad Democrática[3] implementada durante su gobierno y consignado en el libro *No hay causa perdida*.

---

[3] Seguridad Democrática: Política gubernamental implementada por Álvaro Uribe Vélez durante su gobierno. Propuso un papel más activo de la sociedad colombiana dentro la lucha del Estado y de sus órganos de seguridad frente a la amenaza de grupos insurgentes y otros grupos armados ilegales. La política de "seguridad democrática" planteó la existencia de la necesidad de fortalecer las actividades y presencia de los órganos de seguridad a lo largo del territorio nacional.

Cabe aclarar que el motivo de esta investigación no consiste en establecer una supuesta relación de la teoría de Carl Schmitt con las políticas de Álvaro Uribe Vélez, en donde simplemente, el trabajo del jurista alemán es un instrumento de análisis.

La obra *El concepto de lo político*, del jurista alemán Carl Schmitt, es rica en conceptos, no obstante, como lo dijo el filósofo alemán Leo Strauss, en una carta referente al autor, "está expuesta a malos entendidos"[4]. Para Schmitt, "la tendencia natural de los seres humanos al agrupamiento es el supuesto de la política y tales agrupamientos suponen la división entre amigos y enemigos de un tipo de existencia" (Donato & González, 2011). Por esta razón, para lograr una definición correcta sobre el concepto de lo político es necesario entender el antagonismo entre pueblos (amigo-enemigo) que se oponen existencialmente entre sí y que tienen a la guerra como un instrumento válido para defenderse de una agresión y no perecer en manos de los enemigos. Cabe aclarar que el enemigo no es un simple adversario o competidor, ¡enemigo es el que puede exterminarte!, por ende, la guerra se convierte en una posibilidad real inmanente a los comportamientos políticos.

---

[4] Leo Strauss en una carta dirigida a Schmitt el 4 de septiembre de 1932, además de realizar varias críticas a su libro *El concepto de lo político*, aseguró que su tesis está expuesta a malos entendidos.

16

Por consiguiente, la advertencia de Strauss sobre el posible malentendido a los trabajos de Schmitt es de suma importancia, ya que al jurista alemán se le acusó de compartir la ideología del Partido Nacionalsocialista Obrero Alemán de Hitler, sin embargo, muy pocos divulgaron que Schmitt fue perseguido por los propios nazis y acusado de no comulgar con las ideas centrales del partido.

De esta forma, el concepto de *amigo-enemigo* ha tenido vastos análisis entre la comunidad académica en Europa, y hay quienes arguyen que las teorías de Schmitt aparecen en las políticas de varios gobernantes de América Latina.

De hecho, Álvaro Uribe Vélez, presidente de Colombia entre los años 2002 y 2010, fue criticado por sus opositores, por su *Política de Seguridad Democrática* que implementó durante su gobierno, y, algo interesante, fue acusado de fabricar un único enemigo, causante, supuestamente, de todos los males de Colombia: la guerrilla de las FARC y el terrorismo.

En 2012, Uribe Vélez publicó su libro más exitoso: *No hay causa perdida*, en donde condensó la mayor parte de sus políticas e ideales sobre Colombia. En su momento, algunos periodistas[5] lo criticaron, y los más osados lo calificaron de manipulador y de utilizar las teorías de Carl Schmitt en su gobierno.

En el presente trabajo se buscará describir los conceptos de *lo político* y *amigo-enemigo* del incomprendido, por muchos, Carl Schmitt, y a través de estos conceptos, analizar el discurso de Álvaro Uribe Vélez consignado en su libro anteriormente mencionado.

Justificación

El siguiente trabajo es producto de la curiosidad personal por conocer la clave del éxito del presidente con mayor aceptabilidad en la historia de Colombia: Álvaro Uribe Vélez. De la misma forma, la atracción y el apasionamiento que siempre me ha generado la historia de la Alemania nazi y sus actores connotados. Precisamente, entre el ambiente intelectual europeo de los años treinta y cuarenta del siglo XX sobresalió el pensamiento filosófico del jurista alemán Carl Schmitt, quien por cuestiones históricas terminó militando en el Partido Nacionalsocialista Obrero Alemán de Adolf Hitler.

____

[5] Véase: *Estado de Guerra,* de Antonio Caballero. Artículo publicado en El Espectador (2009/11/21).

Culminada la Segunda Guerra Mundial (1945), Carl Schmitt es juzgado en los Juicios de Núremberg[6], en donde fue absuelto. Sin embargo, el vasto trabajo filosófico de Schmitt fue criticado y sus escritos consagrados como el libro *El concepto de lo político*, son estigmatizados en las élites académicas. Schmitt vivió hasta sus últimos días confinado en una pequeña villa blanca, en su natal Plettenberg, a la cual se refería maliciosamente como San Casciano, haciendo referencia a la localidad florentina en donde vivió su destierro Nicolás Maquiavelo luego de ser acusado de conspirar contra la familia de Los Médicis. Al igual que Maquiavelo, Schmitt escribió varias obras en el destierro y se le prohibió dar clase en cualquier universidad del mundo, puesto que sus ideas nunca pudieron desprenderse de la polémica ni de las amonestaciones impuestas por los juristas de Núremberg.

En este orden de ideas, la presente investigación también pretende revisar adecuadamente los conceptos de Carl Schmitt, como *amigo-enemigo*, y realizar un aporte en la comprensión de este genio, que desde el siglo pasado y hasta la actualidad suscita discusiones sobre la *política* y el *Estado*.

---

[6] **Juicio de Núremberg:** Conjunto de procesos judiciales contra los principales dirigentes nazis llevado a cabo por los países aliados vencedores al término de la Segunda Guerra Mundial.

Marco teórico

Álvaro Uribe Vélez, desde los albores de su vida política hasta su llegada al poder como presidente de Colombia (2002), se mostró como un sagaz líder que poco a poco logró convertirse en todo un fenómeno de la política colombiana. En los ocho años de su gobierno, durante el primer periodo de los años 2002 y 2010, y posteriormente en los años 2010-2014, Uribe recibió críticas por su discurso guerrerista y el enfoque de sus políticas contra un máximo enemigo a ultranza: la guerrilla de las FARC[7]. Curiosamente, a principios del siglo XX, en Alemania, surgió públicamente un jurista que revolucionó la política y el derecho con sus teorías de *amigo- enemigo* y la visión de *lo político*, este hombre se llamó Carl Schmitt. Pretendemos, de esta manera, revisar las teorías de Schmitt en donde plantea estos conceptos mencionados, y a la luz de ellos, poder entender el discurso elaborado por Álvaro Uribe Vélez durante su gobierno, consignado en el libro *No hay causa perdida*.

---

[7] FARC: organización guerrillera insurgente y terrorista de extrema izquierda de inspiración marxista-leninista, en Colombia. Fue considerada por Estados Unidos como un grupo terrorista comparándola con el Estado Islámico. Esta insurgencia se desmovilizó posteriormente en el proceso de paz, firmado con el gobierno de Juan Manuel Santos en el año 2016, para convertirse en partido político.

1.1 Discurso

1.1.1 Definición

Entre las múltiples definiciones de esta expresión que suministra la Real Academia de la Lengua Española en su *nueva plataforma profesional de recursos lingüísticos,* encontramos tres, suficientes para este trabajo:

1. "Acto de la facultad discursiva".
2. "Serie de las palabras y frases empleadas para manifestar lo que se piensa o se siente. Perder, recobrar el hilo del discurso".
3. "Doctrina, ideología, tesis o punto de vista" (Real Academia Española , 2018).

1.1.2 Teoría del Discurso

El autor Teun Van Dijk en su libro *Texto y contexto. Semántica y pragmática del discurso*, publicado en 1980, aborda la importancia de "las relaciones sistemáticas entre TEXTO Y CONTEXTO PRAGMÁTICO" (Van Dijk, 1980). Es decir, que, para entender un discurso, además de estudiar la elaboración y confección de oraciones verbales o escritas (texto), es primordial conocer el momento histórico y las circunstancias de vida del autor (contexto) que evidentemente influyeron en el discurso.

Aunque este trabajo no corresponde a un análisis lingüístico sino filosófico, el conocer la definición de "discurso" y usar la teoría del autor Teun Van Dijk para saber cómo abordarlo, ayudará a acercarnos a nuestros autores principales y comprender mucho mejor cada una de sus teorías.

1.2 Discurso Álvaro Uribe Vélez

1.2.1 Texto de Álvaro Uribe Vélez.

En el libro *No hay causa perdida*, el expresidente Álvaro Uribe Vélez, respecto a la violencia e inseguridad de Colombia, afirmó lo siguiente: "cuando asumí la presidencia, el asedio criminal se había extendido por todo nuestro territorio: capos de la droga, grupos paramilitares, asesinos, delincuencia común y terroristas (nominalmente marxistas, como las FARC) delinquen a sus anchas" (Uribe Vélez, 2012).

Desde el principio de su gobierno llama la atención el interés reiterativo de Álvaro Uribe Vélez por la violencia y su búsqueda constante por recrudecer las crisis (fronterizas e internas) para proclamar el *estado de guerra*. Como presidente de Colombia, no había algo más apetitoso para Uribe que una situación de conmoción. En su momento, el mismo presidente, ante el Congreso de la República, afirmó que el *estado de guerra* es "un estado superior del Estado de Derecho".

Sthepanie Romo, en la monografía *Seguridad democrática: un análisis del discurso político en Colombia durante el mandato presidencial de 2002 al 2006*, muestra la relación entre el poder político y el lenguaje. "La Seguridad Democrática no sólo fue un discurso articulado y coyunturalmente aceptado, sino que también significó una serie de efectos políticos y sociales, entre los cuales se destacó promover prácticas poco democráticas" (Romo , 2014). Mejor dicho, el expresidente Álvaro Uribe fabricó discursivamente los escenarios predilectos para la guerra, buscando así, según él, llevar la seguridad a todos los rincones del territorio colombiano. Por consiguiente, fue en la guerra el escenario idóneo para implementar sus políticas y combatir a la guerrilla de las FARC, su enemigo.

1.3 Discurso Carl Schmitt

1.3.1 Amigo - enemigo

Si se hace un viraje histórico nos podremos dar cuenta que el *estado de guerra* fue lo que mantuvo en el poder a muchos caudillos en el mundo. Precisamente, Adolf Hitler, durante la Segunda Guerra Mundial, se consolidó en el poder y conservó sus poderes absolutos, pasando por encima de la Constitución alemana, gracias a un estado bélico declarado a escala mundial. Para muchos autores, como la profesora Yvonne Sherratt de la Universidad de Oxford, en su libro *Los filósofos de Hitler*, "el Führer fue influenciado por teorías del brillante jurista y militante del partido Nazi: Carl Schmitt" (Sherratt, 2014). Para Schmitt, el concepto central de lo político consistía en la distinción amigo-enemigo, por tanto, la guerra es la política y por supuesto la guerra se libra y se ejecuta desde un poder absoluto y consolidado, fuera de trabas del sistema liberal y contrapesos democráticos.

Asimismo, el jurista Carl Schmitt definió la política en la dicotomía *amigo-enemigo*. En *El concepto de lo político*, expresa que "lo que no se puede negar razonablemente es que los pueblos se agrupan como amigos y enemigos, y que esta oposición sigue estando en vigor, y está dada como posibilidad real, para todo pueblo que exista políticamente" (Schmitt, 2014). De hecho, lo político precede a cualquier organización social, es decir, el Estado no es económico ni religioso, sino netamente político.

De igual forma, en el ensayo *El criterio amigo-enemigo en Carl Schmitt*, María Concepción Delgado, politóloga de la Universidad Nacional Autónoma de México, aduce que la modernidad ha sido representada por Schmitt como una tragedia y época de decadencia y ruina. Resalta la autora que, para Schmitt, en un ambiente democrático y liberal, "la política se desdibuja frustrando la promesa del orden" (Delgado, 2011). En suma, para Schmitt, el liberalismo económico atenta contra el principio político del Estado ya que este otorga primacía a los valores económicos y debilita el control del Estado político.

1.3.2 El concepto de lo político

Heinrich Meier, en su texto *Carl Schmitt, Leo Strauss y El concepto de lo político*, respecto a la esencia de lo político para Schmitt, dice que "el punto de lo político puede alcanzarse a partir de cualquier dominio..., lo que lo define no es un dominio propio…, sino el grado de intensidad extremo de una unión o de una separación" (Meier, 2008). Es así, como Schmitt entiende lo político como la distinción natural entre pueblos en las categorías de amigo y enemigo. Por tanto, lo político es anterior al

Estado, y la única forma de Estado válida para Schmitt es el Estado total político.

El profesor Jorge Dotti, en el trabajo *Carl Schmitt: su época y su pensamiento*, considera que la obra de Schmitt aborda "la valorización de la soberanía y la neutralidad estatal frente a los intereses particularistas que pretenden predominar sobre el interés general y reivindica la preeminencia de lo político sobre el economicismo acrítico" (Dotti, 2002). De esta forma, Schmitt ataca al liberalismo, en el sentido de que un Estado liberal pone por encima de lo político los valores económicos y diluye la oposición *amigo-enemigo* a la de simples competidores.

1.4 Schmitt en el discurso de Uribe

Precisamente, Álvaro Uribe, durante su gobierno, esgrimió en su discurso conceptos muy similares al de Schmitt y buscó fortalecer su poder pasando por encima de preceptos democráticos de la Constitución Política de Colombia.

Por su parte, Iván Garzón Vallejo en su texto *¿Kant o Schmitt? Perspectivas filosófico-políticas del conflicto* *armado,* analiza "las perspectivas filosóficas de Immanuel Kant y Carl Schmitt, con el propósito de hallar en estas referentes teóricos para la comprensión del conflicto armado colombiano y su terminación" (Garzón Vallejo, 2011). Para ello, en el trabajo se recurre básicamente al estudio de los textos, en los que estos autores perfilaron su pensamiento acerca del conflicto, la guerra y la paz.

En cuanto Schmitt, el filósofo concibe la guerra como un supuesto de la política. El pensamiento del jurista alemán ofrece pautas hermenéuticas para catalogar la situación colombiana como un fenómeno esencialmente político. Ello, además, en razón de que en el conflicto armado se pueden distinguir nítidamente la agrupación de dos colectividades bajo las categorías amigo-enemigo. Por tanto, Schmitt propuso la distinción *amigo-enemigo* como una categoría para identificar el campo de lo político.

En conclusión, muy pocos han tenido en cuenta como texto discursivo de Álvaro Uribe Vélez, el libro *No hay causa perdida*, el cual se convierte en un texto rico en ideas y conceptos, que dieron forma en su momento, al discurso de la Seguridad Democrática. En esta obra se presenta como el líder que le hacía falta al país, una especie de "mesías", que no daría el brazo a torcer frente a la gran amenaza de Colombia por muchos años: las FARC y el terrorismo. En el texto, Uribe Vélez (2012) afirma:

Por décadas, Colombia había sido flagelada por el tráfico ilegal de la cocaína y los terroristas. Las masacres y las aldeas destruidas por la acción de las bombas aparecían con frecuencia ante los ojos del mundo. La lista de problemas era casi interminable. Ante ellos y faltos de soluciones concretas, muchos se habían dado por vencidos. (p.8)

Es decir, Uribe vio la causa de los problemas de Colombia en la falta de orden y control del territorio. Para el mandatario, el terrorismo y las guerrillas fueron producto de un Estado débil. Aquí, encontramos la primera coincidencia entre Uribe y Schmitt: el Estado debe ser total y político, todas las organizaciones que conforman un país deben someterse al control estatal.

Concepto *amigo - enemigo* y de *lo político* en Carl Schmitt

Contexto histórico y personalidad del autor

Una teoría, sin distingo, se piensa, se fabrica y se crea, en un ambiente intelectual y en un contexto histórico determinado. De igual manera, la psicología, la educación y las características del autor, moldean sus trabajos y se incorporan a estos para darles forma. Los hijos se parecen a los padres, al igual que las teorías a sus autores. Para comprender el concepto de *amigo- enemigo* y de *lo Político* que propone Carl Schmitt, es indispensable referirnos al contexto histórico en el que nace esta obra, además de conocer la personalidad del autor.

Carl Schmitt (1888-1985), nació en un hogar asentado en Plettenberg, un pequeño pueblo enclavado en el centro de Alemania. Su padre Johan, fue miembro del partido católico y colaboraba con la iglesia del pueblo. Por su parte, su madre siempre le inculcó cierta nostalgia por la Francia de sus raíces. En una entrevista, divulgada en 1983, realizada a Carl Schmitt por el profesor italiano Fulco Lanchester y publicada en la revista *Academia Moralis,* traducida al español en el año 2017, el jurista alemán advierte detalles inéditos de su vida. Schmitt relató lo determinante que fue para su existencia y formación, la tradición católica heredada de su familia. "Tome en cuenta que mi madre fue educada en un severo colegio católico de las Hermanas de la Caridad de San Carlos Borromeo, cerca de Sedán, en la Francia septentrional. Mi madre se graduó como maestra de francés y nosotros aprendimos este idioma de pequeños" (Lanchester, 2017).

Sin lugar a dudas, Schmitt mantuvo un contacto muy cercano con Francia durante toda su vida gracias a su madre y a la familia de esta, tanto así que él mismo asegura que cuando llegó al Estado de Sarre en Alemania, se convirtió en un adulto en la diáspora. En cuanto a la familia de su padre, Schmitt explica: "mi padre y mi abuelo provenían de la región de Tréveris. Ambos eran profundamente católicos, pero mi padre terminó aquí en Plettenberg, una zona considerada fuertemente evangélica, donde había florecido rápidamente una pequeña industria siderúrgica. Los ricos eran todos evangélicos y había, en aquél período, las leyes bismarckianas anticatólicas[8]" (Lanchester, 2017). Carl Schmitt vivió en carne propia el conflicto religioso durante el periodo de Otto Von Bismarck y creció considerando como malvado al artífice de la reunificación

---

[8] Medidas impuestas por Otto Von Bismarck, canciller del segundo imperio alemán, que atacaron severamente a las iglesias católicas para ponerlas bajo el control del Estado prusiano.

de Alemania. Varios parientes del abuelo de Schmitt fueron párrocos y muchos de sus familiares fueron perseguidos en el conflicto religioso del periodo bismarckiano. Estos vínculos con la cultura latina, y el acendrado catolicismo de sus padres, lo marcaron para siempre. En alguna ocasión diría: "soy romano por origen, tradición y derecho". Schmitt era un hombre de baja estatura, tímido, callado y triste. Él mismo se definía como un sujeto incomprendido y de origen modesto. Además, sus raíces católicas y latinas lo hacían sentirse como un forastero en esa Alemania de comienzos del siglo XX. Para adelantar sus estudios se trasladó a Berlín. En principio quería estudiar filología, pero luego, por recomendación de un tío, se decidió por las leyes. Tras su llegada a Berlín, la capital alemana lo desconcertó, Schmitt afirmaba que la ciudad era fea estéticamente, pero era un ominoso imperio tecnológico e inmensamente rica culturalmente.

Una de las pocas biografías escritas sobre Carl Schmitt fue publicada en 1993 en alemán por el politólogo, periodista y profesor de ciencia política de la Universidad de Múnich, Paul Noack. Este trabajo valioso y meritorio, ahonda en el Schmitt humano, tanto así que nos muestra los fracasos y tristezas del solitario Schmitt para entender el porqué de su recelo frente al ser humano, sus visiones pesimistas y el hermetismo de su vida personal.

El profesor de derecho en el Instituto Tecnológico Autónomo de México (ITAM), Jesús Silva-Herzog Márquez, en su ensayo *Carl Schmitt. Jurisprudencia para la ilegalidad*, publicado en el año 2003, menciona los afanes y las preocupaciones políticas que atormentaban al joven Schmitt durante el inicio de su carrera. "Desde las emociones de la razón sentía un fuerte desprecio por el hombre ignorante y tosco, por el político rudimentario que no era capaz de articular un discurso coherente" (Silva-Herzog Márquez, 2003). No participó militarmente en la Primera Guerra Mundial (1914-1919), pero le conmocionó la inestabilidad tras la derrota de Alemania. Al final de la Primera Guerra Mundial, Schmitt se trasladó desde la Universidad de Estrasburgo, donde ejercía la docencia, a la ciudad de Múnich. Tras terminar, entonces, la Primera Gran Guerra, la nueva república pronto devino en caos y el joven filósofo extrañó la disciplina y la claridad de la guerra ante las turbulencias del desorden civil. El profesor Silva-Herzog Márquez (2003) continúa:

Entonces aparece Mussolini. La Marcha sobre Roma sacudió al temeroso abogado alemán. Desde esa jornada de octubre de 1922 el fascismo italiano ejerció una atracción inmensa sobre él. Veía en esa fuerza un potente movimiento que, al mismo tiempo que salvaba a la burguesía de la

> amenaza comunista, lanzaba al Estado a la conquista del futuro. (p.13)

El verdadero héroe de Schmitt fue Mussolini. Schmitt nunca estuvo de acuerdo con la política de la República de Weimar por su carente autoridad de Estado y, en este contexto, defendió la necesidad de instaurar el imperio presidencial, argumentando que el imperativo político coincidía plenamente con el mandato constitucional. El presidente, no el tribunal supremo, debía ser el verdadero defensor de la Constitución. Schmitt emergió como un republicano antiliberal y creía que la manera de salvar a la República amenazada era robusteciéndola con permisos, no disminuyéndola con limitaciones.

Entonces tropezó con Adolf Hitler. En principio simpatizó con la agenda de la extrema derecha alemana expuesta verbalmente por el joven Hitler, en decenas de cervecerías de Alemania, imaginando que sería el camino correcto para la consolidación del imperio presidencial dentro de un marco constitucional. Así, Schmitt se suscribió al Partido Nacionalsocialista y militó con el carnet número 2.098.860. Dentro de sus funciones ejerció como Consejero de Estado del nuevo régimen y apoyó los primeros movimientos del partido, como el hecho de aplaudir los asesinatos de La Noche de los Cuchillos Largos u Operación Colibrí, como dignas expresiones de justicia revolucionaria. Sin embargo, muy pronto dejó de ser primordial para el nacionalsocialismo alemán y terminó acusado de no promulgar las doctrinas centrales del partido.

En 1938, Schmitt publicó su libro *El Leviatán en la teoría de Estado de Tomás Hobbes*, lo que generó más resquemores dentro del partido nazi y recibió nuevas amenazas de los escuadrones paramilitares alemanes. "Pero en los orígenes del Leviatán está el hecho de que me encontraba bajo las amenazas de las SS, que me habían atacado en *Das Schwarze Korps* (1936). En aquél tiempo era consejero de Estado prusiano y me salvé solo por la intervención de Göring. Göring era un rival de Himmler" (Lanchester, 2017). Muchas de las actuaciones de Schmitt generaron aversiones en los filósofos del Reich. "Me encontré también en contraposición con el partido nazi por el asunto de Röhm del 30 de junio de 1934, en el que fueron asesinadas muchísimas personas. Göring nos protegió siempre y cuando tuvo posibilidad, luego perdió poder" (Lanchester, 2017). Antes de publicar el libro sobre El Leviatán en 1938, organizó una conferencia sobre "el judaísmo en la ciencia jurídica", lo cual despertó serias dudas sobre la lealtad de Schmitt con el partido. A pesar de todo, el líder militar Hermann Göring fue siempre su más leal amigo dentro del partido nacionalsocialista, en donde le sobraban los enemigos (como Rosenberg), y precisamente fue gracias a su intervención y protección que no trascendieron las acusaciones de traición en su contra.

Por consiguiente, cualquier acercamiento al pensamiento de Carl Schmitt debe comenzar con una reflexión sobre el ambiente intelectual en el que se forjó el autor. Su trabajo arrancó con el itinerario científico del derecho penal hasta trascender al derecho constitucional, influenciado por muchos pensadores y académicos. El profesor de la Universidad de Estrasburgo, Robert Redslob, fue quizás el precursor de Schmitt, y Maurice Hauriou y Santi Romano sus maestros.

Distante de la frialdad de su maestro Max Weber, y distante de la rigurosa sequedad de Kelsen, el profesor Fulco Lanchester menciona unas palabras de Schmitt acerca de su relación con el austriaco Hans Kelsen, su aborrecido enemigo intelectual:

> A propósito de Kelsen, yo lo conocí personalmente y existen cartas donde él afirma que me quería en Colonia con él. Con Kelsen fui extremadamente correcto. Existe una correspondencia sobre el asunto. Luego él emigró pronto de Alemania y en seguida perdimos el contacto. Cuando llegué a Colonia, Kelsen ya se había marchado. Para él todo fue ilegal, para mí, por el contrario, todo fue normal. Fin del asunto. (p.211)

Sin embargo, su enemistad trascendía más allá de lo personal hasta llegar a lo teórico, ya que Kelsen, por su parte, propuso una visión estrictamente positivista del derecho, mientras que Schmitt propone una visión historicista del mismo, es decir, que la Constitución tiene su fuente en la historia del pueblo.

Llegado a este punto, valdría la pena analizar el vínculo entre Carl Schmitt y Thomas Hobbes. En primer lugar, Schmitt siempre se vio atraído por la oposición permanente como ley de la vida propuesta por el filósofo inglés, y se sintió identificado con la leyenda del Leviatán. Entre tanto, Schmitt coqueteó con la idea del *decisionismo* y el reclamo de la consolidación por un poder sin restricciones, para ejercer un poder directo sobre un pueblo. Aunque hay diferencias sustanciales entre los dos pensadores, por ejemplo; el filósofo alemán no compartió plenamente la idea hobbesiana de un contrato social, Carl Schmitt siempre se refirió con gran admiración a Hobbes y defendió su trabajo.

El miedo es la médula que une a Hobbes y Schmitt. No obstante, hay diferencias radicales. Hobbes habla de un Estado poderoso, un monstruo estatal que garantiza la paz a los ciudadanos, pero Carl Schmitt, por el contrario, pretende un Estado encabezado por un líder soberano que reine sobre el caos y combata a los enemigos. Hobbes es un seguidor de la paz, Schmitt lleva la política a la oposición *amigo-enemigo*, por tanto, la paz no es su escenario preferido.

El profesor Jorge Eugenio Dotti, ha realizado múltiples trabajos sobre la obra de Schmitt y en su texto *¿Quién mató al Leviatán?*, publicado en la revista *Deus Mortalis*, n°1, pp, 93-190, en el año 2002, hace un análisis profundo sobre la interpretación de Hobbes por parte de Carl Schmitt en el contexto del nacionalsocialismo. "Schmitt es un filósofo que para bien o para mal supo asumir los compromisos de su época" (Dotti, ¿Quién mató al Leviatán?, 2002). El filósofo bonaerense estructura tres conceptos claves de la hermenéutica de Carl Schmitt que articulan la teorización de soberanía moderna propuesta por Hobbes: la dictadura, la lucha contra los poderes indirectos y la trascendencia. De esta forma, Dotti navega por la antítesis entre la interpretación de Hobbes por Schmitt y los distintos doctrinarios nacionalsocialistas.

En el libro *El Leviatán en la Teoría del Estado de Thomas Hobbes* (Schmitt, 2003), Carl Schmitt esboza varias categorías, de las cuales podríamos mencionar las siguientes: 1. Distanciamiento al régimen alemán de su época, 2. Oposición al régimen e ideología y 3. Desesperanza y reivindicación de la estatalidad moderna. Para la tercera categoría, recordemos que Schmitt comparte con Hobbes el *"principio sustancia del estado moderno*", el cual ofrece protección y exige obediencia a los integrantes de un pueblo operado por la decisión soberana y garante de toda una vida colectiva en orden. Del principio de Estado moderno, Schmitt toma distancia de la ideología nazi:

> Ciertamente, la peculiar oposición de Schmitt al Nacionalsocialismo no significa un abandono de su antijudaísmo teológico-metafísico, pero, sí, la denuncia del *imperio de los poderes indirectos,* que es lo que -a su juicio- ocurre en el totalitarismo nazi, caracterizado por la consecuente ausencia de auténtica soberanía y la indefensión ciudadana frente a las pretensiones y el accionar de las nuevas facciones. (Dotti, p. 95)

Carl Schmitt ataca la poliarquía[9] del régimen nazi que acabó con el Estado moderno, porque, según el autor, estos fenómenos anulan la distinción entre *sociedad y Estado* y *entre lo público social y lo privado íntimo.* Para el jurista alemán, el Estado moderno debe tener una capacidad de control sobre lo privado con una penetración de las autoridades estatales sobre la sociedad civil.

---

[9] Gobierno que es ejercido por varios poderes.

Entre tanto, el Estado para Schmitt da sentido a la muerte: es la instancia que exige el sacrificio. Bien ha descrito estos impulsos opuestos uno de los más agudos lectores de Schmitt: Leo Strauss, quien afirma que "mientras Hobbes, en un mundo iliberal, elabora la fundamentación del liberalismo, Schmitt realiza en un mundo liberal la crítica del liberalismo. Lo político y el Estado total" (Meier, 2008).

Entender la figura del soberano en Hobbes y su interpretación de Schmitt, es importante para aclarar la postura de este último:

> El soberano hobbesiano no aparece determinado por ninguna condición previa más que su decisión pacificadora misma: es causa sui o subjetividad autodeterminante de sí como libre y absoluta (e legibus soluta) voluntad ordenadora, racionalmente justificada como fuente de la regularidad jurídica, es decir, creadora de las condiciones para el normal desenvolvimiento de la normatividad. (Dotti, 2002, p 99).

La decisión del soberano no es despótica, ya que cuenta con el consenso de quienes le obedecen para que les garantice la paz. No obstante, Schmitt desacredita el contrato o pacto del que hace alusión Thomas Hobbes, ya que el contrato presupondría la existencia de unas condiciones preestablecidas benéficas para unos pocos, lo cual haría de lo privado la condición de lo público. "La dignidad del Estado, entonces, no reposa en el pacto, sino en la potencia de quien ejerce la función pública y realiza el derecho" (Dotti, 2002, p 101). Según Schmitt, Hobbes "cartesianiza" el Estado al teorizarlo como mero mecanismo productor de mandatos para obtener la mayor eficacia en el control y protección de los ciudadanos.

A Schmitt le atormenta la desvirtualización del papel del Estado en la modernidad. Precisamente el jurista denuncia que el Estado cumplía su rol hasta finales del siglo XIX, pero en los años 30 del siglo XX quedó inerme frente a las fuerzas sociales. En lo que tiene que ver sobre las críticas de Schmitt al régimen nazi es en el concepto de Estado donde más lo ataca.

Siguiendo la línea argumentativa de Jorge Dotti, nos encontramos con otras críticas que hace Schmitt a Hobbes. Por ejemplo, Hobbes -dice Schmitt- es el pionero de positivismo jurídico, porque Hobbes habla de un derecho positivo sobre el derecho natural. Sin embargo, el Estado en Hobbes funciona sobre lo previsible, pero frente a lo excepcional, no soluciona la crisis. Entonces, "el desarrollo del Estado moderno corre paralelo al de la policía, propone Schmitt, o sea a la reducción de la soberanía a la tarea de un guardián nocturno, como se dirá luego" (Dotti, 2002, p 110).

Schmitt es enfático al asegurar que el soberano que actúa de modo decisionista en el momento fundacional del orden jurídico, lo hace en todos los estamentos, por ende, el soberano es excepcional en los estados de excepción, "no en la normalidad". Volviendo a la crítica de Schmitt al nacionalsocialismo, para el filósofo alemán, Hitler "sustituye la mediación intrínseca a lo político por una suerte de presencialismo directo, cerrado sobre sí mismo, en identidad inmediata (no política) con el pueblo" (Dotti, 2002, p 117). Con esto, Schmitt advierte estar frente a la segunda muerte del Leviatán ya que la "la neutralización terminal del Estado Clásico es el resultado, por un lado, de la lógica del pluripartidismo liberal, imperante a partir de la disolución de la distinción entre sociedad civil y Estado..." (Dotti, 2002, p 119). En los tiempos de Schmitt, el Leviatán es víctima de la *"totalización totalitaria liberal"* de movimientos como el bolchevique y el nacionalsocialista, que detrás de una fachada unitaria pretenden invocar el *"principio del conductor"*.

Finalmente, quisiera detenerme un momento para revisar las acusaciones de las cuales fue víctima Schmitt, además de las ya expuestas anteriormente. No cabe duda de que los filósofos del partido nazi vieron en las ideas de Schmitt, y en su libro sobre el Leviatán de Hobbes, una amenaza al régimen nazi. Para los juristas nazis, el Estado se constituía como un mero medio para lograr un fin:

A las acusaciones de ser católico, hegeliano estatalista, oportunista conservador, amigo de intelectuales judíos y adversario del movimiento hasta 1933, se suma la denuncia -asentada en consideraciones exclusivamente teóricas- de sostener una antropología pesimista, que reduce la esencia del hombre a belicismo y egoísmo individualista, como Hobbes, y las relaciones sociales a lucha de intereses y grupos, como Marx… (Dotti, 2002, p 137-138).

No es increíble decir que los filósofos nazis no eran seguidores de las ideas de Hobbes, y los ataques llegaron a tal extremo que intelectuales de la categoría de Ritterbusch lo acusaron de antinazi y cercano al comunismo, puesto que, para Hobbes, Marx y Schmitt, la ley de la vida es la de una "oposición permanente". Contrario a los ideales de Schmitt, el nacionalsocialismo promulgó un "comunitarismo" opuesto al individualismo de Hobbes.

Para describir los aspectos centrales del legado teórico de Schmitt y puntualizar en los conceptos de *amigo-enemigo* y de *lo político*, con el propósito de sintetizar la relación de esta teoría con el discurso del expresidente Álvaro Uribe Vélez, es necesario revisar en detalle una de sus obras más importantes, a saber, *El concepto de lo político,* que vio la luz en 1927 y es considerado el más polémico de los escritos de Schmitt. Para el desarrollo de este trabajo utilizaremos el texto de 1932.

Como lo señala el filósofo Óscar Mauricio Donato, en un apartado dedicado al jurista alemán en la obra *Carl Schmitt. Análisis crítico a su obra jurídica, política y filosófica* (Donato, 2011), el interés de Schmitt por la guerra es teórico y con sus trabajos trata de racionalizar la guerra en la mayor medida posible. «El concepto del Estado presupone el de lo político», dice Schmitt y «de acuerdo con el uso actual del término, el Estado es el status político de un pueblo organizado en el interior de unas fronteras territoriales» (Schmitt, 2014). Pero, ¿qué es lo que ocurre con el sentido de lo político?

En el texto *Carl Schmitt, Leo Strauss y El concepto de lo político*, el filósofo alemán Heinrich Meier, analiza profundamente el explosivo libro de Schmitt (El concepto de lo político) a la luz de la interpretación de otro gran pensador de la época: Leo Strauss. Cabe recordar que Leo Strauss (1899-1973) fue un filósofo político y clasicista germano-estadounidense, descendiente de una familia judía. Pese al conocido y público antisemitismo de Carl Schmitt, esto no fue impedimento para que el jurista compartiera una amistad con Strauss. Precisamente Strauss sostuvo una permanente comunicación con Schmitt por medio de cartas en las cuales le hacía sugerencias y reparos al texto *El concepto de lo Político*.

Heinrich Meier explica cómo posteriormente Schmitt hace varios cambios en las ediciones de su texto evidentemente influenciado por los cuestionamientos de Strauss.

Continuando con nuestro análisis, se observa que en un principio para C. Schmitt no existe una definición clara de lo político. En el campo jurídico, por ejemplo, se presupone que la esencia del Estado no es problemática y las aproximaciones a lo político de las ciencias jurídicas es de carácter análogo. Normalmente lo político se ve, en estos casos, desde un interés práctico-técnico de las sentencias jurídicas, de tal modo que no existe una definición general del concepto, y el filósofo socava las relaciones de lo político y lo estatal y la guerra amigo–enemigo, que para él son temáticas confusas y carentes de orden.

Por consiguiente, Schmitt ve la política sin moralismos, es decir, para él la política no es cuestión de bueno o malo, sino de la distinción entre amigo y enemigo. Desde esta mirada, el Estado o lo estatal no causa mayores problemas mientras que este y sus instituciones se consideren como algo firme, lógico y natural, de esta forma, Estado y sociedad se "interpenetran recíprocamente" para construir una comunidad organizada democráticamente. Es así como los campos llamados antes neutrales (economía, religión, educación, etc.) dejan su condición de "no políticos" y se adhieren a una sola unidad política. En este orden, Schmitt empieza a edificar la argumentación a lo que él mismo llamó "Estado Total". El filósofo alemán Heinrich Meier da claridad al asunto, puesto que "el individuo podrá moverse en las distintas *provincias de la cultura* como alguien que decide libremente, allí podrá buscar o rehuir compromisos, asumir o negar obligaciones, lo cierto es que en la *esfera de lo político* se encuentra con un poder objetivo, externo, que lo afecta de manera existencial, que demanda vida o muerte" (Meier, 2008).

Para Schmitt, el Estado es problemático y el hombre no es bueno por naturaleza, por tal razón es necesaria la política. Pero para llegar a comprender la finalidad del Estado total, es necesario conocer los cambios de este organismo a través de la historia. De acuerdo con esta mutación, el desarrollo del Estado puede rastrearse desde el siglo XVIII con el Estado absoluto, pasando por un Estado Neutral del siglo XIX, hasta el Estado total del siglo XX. Como ya se sabrá, Schmitt es un crítico férreo del Estado liberal, puesto que en este existen unidades apolíticas como la economía y va en contraposición al Estado total político, y para el jurista alemán, "el *status naturalis* es el verdadero estado político del hombre" (Meier, 2008).

Cabe aquí detenernos y observar parte de las razones que tiene Schmitt contra del liberalismo. Para él, en el Estado total no existe nada que pueda ser considerado absolutamente apolítico. El Estado absoluto pone fin al axioma de una economía libre y de un Estado libre de acuerdo a los preceptos de la economía. Según la mirada de Schmitt, en este contexto, lo político tiene sus propios criterios. El filósofo reflexiona que si se quiere obtener una determinación de lo político es necesario constatar y poner en manifiesto cuáles son las categorías específicamente políticas.

En consecuencia, Estado y sociedad se interpretan recíprocamente: lo estatal es social y a la inversa. Precisamente es desde este punto de vista que Schmitt habla de un Estado total "que no se desinteresa de ningún dominio y está dispuesto en potencia a abarcarlos todos" (Schmitt, 2014). El Estado total es el verdadero Estado político. Los ámbitos que parecieren neutrales, como la economía, religión, educación, entre otros, son abarcados por el Estado total para ejercer su supremacía. Por ejemplo: es imposible que un pueblo deje su condición política para ser únicamente un Estado moral o económico.

Antes de avanzar, y para comprender mejor el mecanismo y proceder de un Estado total, sería pertinente revisar la importancia y peso que tiene en Schmitt la "decisión política". La decisión política es sustentada en los trabajos de Andrés Rosler quien ha escrito varios textos sobre el decisionismo en Schmitt y su relación con el derecho.

Es bien sabido que Schmitt criticó al positivismo kelseniano por considerar que la naturaleza del derecho es independiente a la política. El filósofo sostiene que toda decisión no se puede reducir a la deducción del contenido de la norma y deviene independiente del valor argumentativo con carácter autónomo. El profesor Rosler, retomando el libro *Teología Política* de Schmitt, explica que la decisión jurídico-política "es tomada por el soberano y emerge en momentos como el ejercicio del poder constituyente o la determinación del estado de excepción" (Donato & González, 2011). Así, para Carl Schmitt el Estado de derecho es el resultado de decisión dentro de un conflicto netamente político. En un Estado total, el derecho debe estar subsumido al Estado político, es así como la decisión política es autónoma de los juicios morales y legales del derecho.

Las categorías que definen lo político: *amigo-enemigo*

En el plano moral existe una distinción crucial: lo bueno y lo malo; en la estética: lo bello y lo feo. ¿Y qué sucede con lo político? De hecho, en opinión de Schmitt, la política aparece porque existe un antagonismo. La enemistad no es sólo un desacuerdo, es algo existencial. "Pues bien, la distinción política específica, aquella a la que pueden reconducirse todas las acciones y motivos políticos, es la distinción de amigo y enemigo" (Schmitt, 2014). Es así que *amigo-enemigo* son las categorías específicamente políticas. Según la mirada del propio autor "el sentido de la distinción amigo-enemigo es marcar el grado máximo de intensidad de unión o separación, de una asociación o disociación" (Schmitt, 2014, p59). Mejor dicho, lo político emerge a partir del agrupamiento de los seres humanos en distintos pueblos y por ende en la dicotomía amigo-enemigo.

Retomando el escrito del profesor Donato R., quien ha escrito ampliamente sobre la obra de Schmitt, "el criterio de la política amigo-enemigo, es un criterio independiente y anterior a todo tipo de agrupamiento y criterio de la vida humana" (Donato & González, 2011). De este modo, "enemigo no es cualquiera sino aquel agrupamiento público que dada su intensidad se opone existencialmente a otro" (Schmitt, 2014). Entonces, ¿qué caracteriza al enemigo? En palabras de Schmitt, el enemigo político no necesariamente es moralmente malo o estéticamente feo; es el otro, el extraño. Para que sea mi enemigo, basta con que sea existencialmente distinto y extraño en sentido intensivo.

Desde este punto, Schmitt esgrime otra crítica al liberalismo. El liberalismo intenta disolver el sentido propio del enemigo convirtiéndolo en un competidor. Sin embargo, el autor es enfático: "no se puede negar razonablemente que los pueblos se agrupan como amigos y enemigos, y que esta oposición sigue estando en vigor, y está dada como la posibilidad real, para todo pueblo que exista políticamente" (Schmitt, 2014, p. 61). Enemigo, entonces, no es un simple competidor o adversario, ni mucho menos un adversario privado que se odia por antipatía. El enemigo solo puede ser público y es la negación óntica de un ser distinto. Así pues, la guerra es la confrontación de unidades políticas organizadas, por ejemplo; dos naciones. Teniendo en cuenta lo mencionado, cabe aclarar, que cuando se confrontan en lucha armada dos enemigos en el mismo seno de unidad organizada, se denomina guerra civil, por ejemplo, la lucha entre un sindicato y un grupo religioso.

Por consiguiente, la guerra no es específicamente objetivo de la política, pero se configura y constituye como una posibilidad real, que determina la acción y pensamiento de los humanos y origina una conducta específicamente política. Lo político genera un alto grado de intensidad y para mantener la existencia misma en la lucha con el enemigo "lo político" se entiende como lo decisivo. Siguiendo la explicación de Leo Strauss:

> la guerra no es sólo el instrumento político más extremo, es el caso extremo no sólo dentro de un ámbito *autónomo* –justamente, dentro del ámbito

de lo político– sino que es el caso extremo por antonomasia para el ser humano, ya que se refiere a la posibilidad real de la eliminación física y la mantiene latente… (Meier, 2008).

No obstante, el criterio *amigo-enemigo* no significa que determinados pueblos deban ser amigos o enemigos eternamente. Schmitt propone el concepto de neutralidad como posible y políticamente sensato. Pero la neutralidad es, como muchos otros conceptos políticos, un supuesto último de la posibilidad real de agruparse como *amigos-enemigos*. Llama la atención que Schmitt no habla de lucha entre individuos, "el estado de naturaleza de Schmitt está definido de manera absolutamente distinta al de Hobbes, que para Hobbes se trata del estado de guerra entre individuos, en tanto que para Schmitt se trata del estado de guerra entre grupos (sobre todo entre pueblos)" (Meier, 2008). Aquí puede evidenciarse otra de las diferencias marcadas entre las ideas de Schmitt y Hobbes referente al ideal de lo que significa la guerra.

Se dijo que la guerra no es un objetivo específico de la política. La política no puede ser reducida a la guerra, pero sí es una posibilidad, "pues solo en la lucha real se hace patente la consecuencia extrema de la agrupación política según amigos-enemigos. Es por referencia a esta posibilidad extrema como la vida del hombre adquiere su tensión específicamente política" (Schmitt, 2014, p66). Lo que significaría que la guerra es un instrumento natural de lo político.

Por otra parte, es en la comprensión de lo bélico que el pensador Jorge E. Dotti explica en su análisis *Algunas consideraciones sobre la concepción hobbesiano-schmittiana de representación* (Donato & González, 2011), que la guerra "como fenómeno que involucra tanto los fermentos y prolegómenos doctrinarios, las constelaciones religiosas, las palabras movilizadoras, como las acciones violentas de todo tipo, confiere la identidad epocal a los contendientes y les imprime una forma de desarrollar el combate" (Donato & González, 2011). Por consiguiente, la guerra subyace a toda forma de representar lo político. Schmitt es certero en su postura sobre la guerra; para él, un pueblo político en un momento determinado puede hacer un pacto condenando la guerra como mecanismo para resolver un conflicto, sin embargo, insiste, nunca podrá sustraerse de la guerra como instrumento de la política.

El análisis de Schmitt va aún más lejos. El concepto de lo político que propone es tajante al determinar la eficiente distinción entre *amigo-enemigo*. En consecuencia, ningún pueblo con existencia política puede sustraerse de la distinción *amigo-enemigo*. La relación de *amigo-enemigo* se atiende vía combate, y la guerra, como instrumento político, es decir, es vista como acción. Volviendo al análisis de Strauss, acerca del trabajo de Schmitt, el filósofo realiza una interpretación interesante sobre la oposición *amigo-enemigo*:

> si desapareciese hasta la oposición entre amigo-enemigo, incluso como mera eventualidad, entonces sólo existiría una concepción del mundo, una cultura, una civilización, una economía, una moral, un derecho, un arte, un *esparcimiento, etc.,* no contaminados por la política, pero no habría ya ni política ni Estado. (Meier, 2008)

Así, Strauss explica cómo para Schmitt, la única garantía de que el mundo no se transforme en un lugar de simple diversión, son la política y el Estado, los que le brindan los intereses más grandes. Pese a que, para Strauss, la justicia es la única causa legítima de la política, para Schmitt, la política hace que la humanidad no se convierta en una cooperativa de consumo y cultura.

Siguiendo al jurista alemán, la relación *amigo-enemigo* no se ajusta a ningún cuadro institucional. Sobre las instituciones, Schmitt es explícito al declarar que estas surgen del poder instituyente. Este poder envuelve toda unidad política para reorientarla y configurarla de tal forma que mantengan la solidez del poder reinante. De esta manera, ejerciendo su decisión autónoma desarrolla su proyecto institucional. Es importante decir que Schmitt relaciona la política con la teología y establece entre las dos una estrecha relación. "Al carácter ineludible de la elección entre Dios y Satanás en la esfera teológica le corresponde la imposibilidad de escapar a la oposición entre amigo y enemigo en la esfera política" (Meier, 2008).

De otra parte, el doctor en Ciencias Políticas Hugo Amador Herrera, en el texto *El Concepto de lo Político según Schmitt*, profundiza en las características de la pugna entre *amigo-enemigo* y afirma que las instituciones son el resultado de esta lucha. "Las instituciones políticas son posteriores al choque de amigo-enemigo puesto que el vencedor fija sus instituciones" (Herrera, 2015).

Ya que la relación *amigo-enemigo* se presenta como imprescindible en lo político, la guerra se configura como instrumento de lo político que puede ejercerse como postura y como acción. La guerra como postura implica la identificación constante de los enemigos, incluso cuando no haya combates (guerra como acción). La idea del realismo político de la existencia de un enemigo permanente que atente contra la unidad política, obliga y justifica mantener una postura de guerra como defensa.

En consecuencia, un Estado no se puede despolitizar, así no ejerza sus mecanismos políticos. Si un pueblo tuviese miedo de luchar y otro lo defendiese, el primero tiene que aceptar el poder de su defensor y rendirle obediencia. No obstante, el pueblo defendido deja de existir políticamente y hará parte del Estado defensor, ya que en la decisión de quién es amigo y quién es enemigo, estriba la esencia de la existencia política.

Igualmente, la noción del mundo político reposa en su condición pluriversa, no universal. Para Schmitt, en cuanto exista un Estado, presupone la existencia de otros, y no hay un Estado universal que abarque toda la tierra y toda la humanidad. El término "humanidad" es apolítico. En una guerra nunca se podrá luchar por la humanidad, pues carece de enemigo en el planeta, por tanto, la universalidad de la humanidad comprendida por las "doctrinas" iusnaturalistas y liberal-individualistas es un error y no tiene asidero político. La humanidad es un todo carente de estatus político, ya que desconoce la pluralidad de los pueblos y la existencia del enemigo.

Por tanto, la iniciativa de una liga de los pueblos que acoja a la totalidad de la humanidad es una idea ilusoria para el jurista alemán. Esta idea eliminaría el concepto de estados, absorbiendo a todos los pueblos de la tierra a una sola unidad. Pero, "si un Estado mundial llegará a abarcar a toda la tierra y a todos los hombres, no sería ya una unidad política, y llamarlo Estado no sería más que una figura retórica vacía" (Schmitt, 2014). La desilusión sería tan grande para el teórico que, si un Estado de estas características y dimensiones existiese, y se sustentara en una unidad económica, esto no se traduciría en más que un grupo social como los inquilinos que comparten un apartamento.

A Schmitt le preocupa la idea de un mundo vinculado netamente a un poder económico. Un supuesto mundo que "iría solo" donde no hace falta que unos gobernasen a otros, y compuesto por hombres libres (idea neoliberal) es una utopía. Él mismo se pregunta: ¿libres para qué? Bastaría hacer un examen antropológico de las teorías del Estado para probar que ese Estado sin gobierno y con libertad total de sus miembros es imposible.

En uno de sus apartes de la obra *El concepto de lo político*, Carl Schmitt hace una revisión antropológica de las teorías políticas y de Estado, haciendo énfasis en los trabajos que hacen una clasificación de los hombres como "buenos" o "malos" por naturaleza. La maldad entendida como tiranía, corrupción, salvajismo, etcétera, está presente en todos los seres de la naturaleza, al igual que los actos de bondad. En este sentido, Schmitt admite su admiración de las fábulas de animales que, más allá de ser un cuento bien elaborado con una moraleja para el lector, se dejan interpretar en un sentido netamente político. Por ejemplo; las fábulas de La Fontaine son utilizadas como herramienta pedagógica en los niños porque en los relatos sobresale una enseñanza de valores. Con las fábulas, los niños descubren las moralejas, lecciones muy interesantes en forma de historias. Pero a Schmitt no le seducen las fábulas por su sentido moral, sino porque la mayoría de estas historias pueden relacionarse con alguna situación política actual.

Por ejemplo, la fábula *El lobo y el cordero* (de La Fontaine, 2010) dice:

"Un corderillo sediento bebía en un arroyuelo. Llegó en esto un lobo en ayunas, buscando peleas y atraído por el hambre.

- ¿Cómo te atreves a enturbiarme el agua? -dijo malhumorado al corderillo-. Castigaré tu temeridad.

–No se irrite vuestra majestad - contestó el cordero -, considere que estoy bebiendo en esta corriente veinte pasos más abajo, y mal puedo enturbiarle el agua.

–Me la enturbias - gritó el feroz animal - y me consta que el año pasado hablaste mal de mí.

--¿Cómo había de hablar mal, si no había nacido? No estoy destetado todavía.

–Si no eras tú, sería tu hermano.

–No tengo hermanos, señor.

–Pues sería alguno de los tuyos, porque me tenéis mala voluntad todos vosotros, vuestros pastores y vuestros perros. Lo sé de buena tinta y tengo que vengarme.

Dicho esto, el lobo coge al cordero, se lo lleva al fondo de sus bosques y se lo come, sin más auto ni proceso".

La historia del cordero y del lobo bien podría trasladarse a situaciones que viven los Estados en la actualidad. El problema de la agresión es latente en la anterior fábula. Las situaciones que acontecen en la naturaleza, son un reflejo de las disputas, tormentos y pasiones que viven los seres humanos y los pueblos del planeta. Schmitt arguye que "todo esto se explica por la estrecha conexión entre la antropología política y lo que los filósofos políticos del siglo XVII (Hobbes, Spinoza, Pufendorff) llamaban el Estado Natural" (Schmitt, 2014, p. 89).

Retomando a Hobbes, el pensador habla de un Estado de naturaleza en donde el peligro y las amenazas son constantes. La lucha es incesante hasta que un Estado político fuerte (Leviatán) controle a los hombres y mantenga la paz. "De modo que resulta que lo que Schmitt destaca como lo fundamentalmente político es el estado de naturaleza que subyace a toda cultura; Schmitt vuelve a honrar el concepto de estado de naturaleza de Hobbes" (Meier, 2008). Por su parte, Maquiavelo, quien realiza en sus trabajos invaluables observaciones psicológicas sobre el juego de los afectos, plantea que los hombres no son malos por naturaleza, pero tienen una "irresistible" inclinación de pasar de lo bueno a lo malo.

Algunas de las teorías en las que se presupone que el hombre es bueno, provienen de ideas liberales y, las construcciones que defienden la idea de un hombre bueno por naturaleza, se orientan contra la injerencia del Estado. Schmitt cita a Thomas Paine, en cuyo pensamiento se encuentra la idea clásica de la idea liberal: "la sociedad es el resultado de la regulación racional de nuestras necesidades, el Estado es el resultado de nuestros vicios" (Schmitt, 2014). Para Schmitt, el liberalismo burgués nunca fue radical en un sentido político, es más, siempre negó el Estado y buscó las despolitizaciones de las libertades.

En consecuencia, queda claro que las teorías políticas puras en sentido antropológico presuponen que el hombre es malo, y no sólo es peligroso, sino peligroso y dinámico. Es claro que, para Carl Schmitt, el hombre es malo por naturaleza y "los sujetos del estado de naturaleza no son individuos, sino grupos, y cada grupo no es enemigo de todos los grupos, pues además de la hostilidad existe también la alianza y la neutralidad" (Meier, 2008). En conclusión, el concepto *amigo-enemigo* que teorizó el autor por primera vez en 1927, es producto de la experiencia de vida alemana de Schmitt, luego de culminada la Primera Guerra Mundial y hasta nuestros días, sigue teniendo validez, en cierta medida, por ejemplo, las alianzas y guerras entre países.

2

Reconstrucción del discurso de Álvaro Uribe Vélez en su libro "No hay causa perdida"

La tesis de que la política sólo es posible si se logra identificar a un enemigo público no pertenece a Álvaro Uribe Vélez, sin embargo, el expresidente la adopta como propia. De acuerdo con Schmitt, reconocer al enemigo implica asumir un proyecto político que genere un sentimiento de pertenencia. En este sentido, Uribe focalizó a su enemigo: las FARC, y responsabilizando a este grupo guerrillero de todos los males de Colombia, por lo que creó un plan político para combatirlos.

No cabe duda de que la carrera política de Álvaro Uribe Vélez se convirtió en todo un fenómeno político en Colombia. Desde que inició sus estudios de Derecho en la Universidad de Antioquia, luego de su paso por universidades de prestigio internacional como Harvard (EE.UU.) y Oxford (Reino Unido), Uribe demostró su tenacidad en la oratoria y un recio carácter acompañado de una aguda perspicacia.

Por lo tanto, su figura de líder e influenciador en los colectivos sociales de distintas regiones del país, se consolidó con el paso de los años y en muchas oportunidades, Uribe demostró su capacidad para afrontar las más fuertes adversidades tanto en sus primeros años de carrera, como asesor en las Empresas Públicas de Medellín, Director de la Aeronáutica Civil (1980), alcalde de Medellín (1982), senador de la República (1986-1994), gobernador de Antioquia (1995-1997), como en sus años de madurez política, Presidente de la República (2002), reelegido en 2006, y nuevamente senador de la República desde 2014.

En octubre de 2012, Uribe publicó el libro más importante de su carrera editorial: *No hay causa perdida*. En esta publicación, el expresidente afirmó que lo escrito es el resultado de sus memorias, y ahonda en temas como el asesinato de su padre y amigos, su vida íntima en el poder y los momentos más difíciles de su gobierno como presidente de Colombia.

Para esta investigación, nos sumergiremos en lo más profundo del pensamiento de Álvaro Uribe Vélez, analizando la primera edición de este libro, publicado en octubre de 2012, para así tratar de comprender sus ideas y planteamientos a la luz de los conceptos *amigo-enemigo* y de *lo político*.

Amigo y enemigo

Álvaro Uribe Vélez no olvida el día en que Guillermo Gaviria Correa, exgobernador de Antioquia, y el empresario Gilberto Echeverry Mejía, "hombres de paz y buena voluntad" (Uribe Vélez, 2012), fueron secuestrados por las FARC el 21 de abril de 2002, durante una marcha por la paz que realizaban en Caicedo, zona rural de Antioquia. El hecho provocó repulsión en la sociedad colombiana, además de engrosar el índice de secuestros en el país por parte de los grupos armados que superaban los 2800 secuestrados en ese momento.

Uribe destaca que para el año 2002, Colombia estaba sumida en la total inseguridad, como lo menciona en un pasaje de su libro: "cuando asumí la presidencia, el asedio criminal se había extendido por todo nuestro territorio: capos de la droga, grupos paramilitares, asesinos, delincuencia común y terroristas (nominalmente marxistas, como las FARC) delinquían a sus anchas" (Uribe, 2012, p. 7). El secuestro de sus amigos Gaviria y Echeverry demostraba que la ausencia del Estado en varios departamentos de Colombia era grave y hacía necesario retomar el control militar de los territorios para derrotar la práctica del secuestro por todos los medios posibles, y hasta con la guerra si fuera necesario.

Llama la atención que Uribe cita la respuesta del guerrillero Hernán Darío Velásquez, Alias "El Paisa", en una conversación sostenida con su amigo Gilberto Echeverry durante su secuestro. Echeverry le habría reclamado a "El Paisa" el porqué del maltrato de las FARC hacia el grupo de secuestrados cuando eran amigos de la paz y del diálogo. La respuesta del guerrillero para el expresidente resumió cuatro décadas de sufrimiento de Colombia: "ustedes no son nuestros amigos-replicó. Son nuestros enemigos de clase. Nuestros idiotas útiles" (Uribe, 2012, p. 25).

Asimismo, el expresidente Uribe menciona en su libro múltiples sucesos que marcaron su vida, en especial el asesinato de su padre. "En 1983, cuando mi padre fue asesinado, yo tenía treinta años. Comenzaba a ascender en la vida pública: había desempeñado ya varios cargos, entre ellos el de la alcaldía de Medellín" (Uribe, 2012, p. 32). Pese a que nunca aceptó que la muerte de su padre, y la de muchos allegados suyos, marcó un derrotero para confeccionar un estilo de política en Colombia, Uribe aseguró: "quería evitar que mi imagen pública fuera asociada con una idea de martirio" (Uribe, 2012, p. 32). No obstante, el exmandatario se apersonó de muchos problemas evidentes en el país; como la pobreza, la inseguridad y la violencia, y aseguró que todos los sacrificios que hizo en su vida fueron para honrar a los colombianos caídos.

El concepto de seguridad empieza a tomar un papel protagónico en su vida, ya que, la ausencia de esta, ha llevado a la conformación y fortalecimiento de grupos guerrilleros y narcotraficantes, a la permanencia de un estado de violencia y la ausencia de paz. Así, el compromiso, y casi obsesión, con la seguridad militar se construye en Uribe mucho antes de ser presidente, y su ideal de país, con un largo listado de diálogos con grupos al margen de la ley infructuosos, estaría en la implementación de la seguridad y no en el diálogo. El plan era ambicioso porque para Uribe, el fin de su política era un país sin violencia, sin importar el precio.

Cuando se habla de un Estado de derecho, existen varios pilares que convierten a ese Estado, como la democracia y la libertad, en un Estado viable y virtuoso. Con agudos problemas sociales como los que tiene Colombia, Uribe argumentó que defender la democracia a toda costa era su principal misión y derrotar el "terrorismo" de las FARC. Para el mandatario, los secuestros, ataques a poblaciones, extorsiones, asesinatos y la violencia, eran producto de gobiernos débiles que por muchos años no ejercieron su poder. "Quería hacer hincapié en el hecho de que la libertad era un derecho, y que cualquier esfuerzo por recuperarla era un deber (...) El presidente de la República debe asumir la responsabilidad total" (Uribe, 2012, p. 39).

Para Álvaro Uribe Vélez la salida de los problemas de un país y el buen gobierno consistían en conformar un Estado total fuerte, con un líder (presidente) con el poder de asumir la responsabilidad y hacer respetar la ley.

Sin lugar a dudas, la personalidad de Uribe y la dureza de su carácter hicieron que fuera un personaje amado por unos y odiado o temido por otros. Su figura misma como mandatario tuvo la extraña influencia de dividir y en su vida política tuvo amigos y enemigos llevados al extremo, es decir: personas que lo "veneraban" y otros que no. En sus memorias, Uribe hace énfasis en la influencia de su padre por convertirlo en un hombre duro ante las adversidades de la vida. Por su parte, su madre le recalcó el sentido de la libertad. Uribe la describe como una mujer de convicciones arraigadas, quien "afirmaba que todas las personas tenían derecho a elegir su destino, sin importar su clase, raza o sexo, y que la democracia era la única forma virtuosa de gobierno" (Uribe, 2012, p49).

Colombia, un Estado en guerra permanente

Puede decirse que el estado natural de Colombia ha sido la guerra, con consecuencias sociales y económicas terribles. El expresidente Álvaro Uribe Vélez, esboza una serie de argumentos interesantes en donde explica el por qué es difícil y complejo gobernar a Colombia y, aún más, terminar con los conflictos del país.

En primer lugar, Colombia es un país grande en extensión. Además, en los 1,15 millones de kilómetros cuadrados que componen el país, sobresale una difícil geografía que dificulta notablemente la comunicación y el tránsito de una región a otra. En todo el territorio, que es casi el tamaño de Portugal, Francia y España juntas, la población se distribuye en pueblos y ciudades intermedias. "Contrario a lo que sucede en muchos países de la región, cuyas poblaciones se concentran en una gran ciudad, en Colombia sus habitantes están distribuidos, más o menos uniformemente, en un gran número de pueblos y ciudades como Bogotá, Medellín, Cali, Cartagena y Barranquilla" (Uribe, 2012, p52). Así, el gobierno de un país como Colombia necesitaría buscar la integración nacional.

Otro argumento que Uribe desarrolla en su libro, hace referencia a la incapacidad histórica de los gobiernos colombianos para ejercer su autoridad en todo el territorio. El político asegura que el vacío de poder durante muchos momentos de la historia del país propició el surgimiento de grupos armados y milicias. En este punto, es importante resaltar que Uribe acepta que en Colombia nunca existió un Estado fuerte que ejerciera control y autoridad. Cabe recordar que a comienzos y mediados del siglo XX, Colombia vivió unos de los momentos más crudos de su historia. El país se polarizó profundamente entre seguidores del partido Liberal y

Conservador. Los campos se incendiaron con frecuentes luchas y el desplazamiento forzado hizo que las ciudades incrementaran su número de habitantes, aumentando también la pobreza. Bajo este panorama, Álvaro Uribe planteó la construcción de un Estado protector que brindara seguridad y blindara los valores de la democracia, y en este sentido cualquier síntoma social que se saliera del orden establecido tendría que ser combatido.

Por consiguiente, Uribe es tajante en su idea: "siempre he creído con fervor en la democracia y el imperio de la ley" (Uribe, 2012, p56). Para él, la historia colombiana marcada por la guerra hizo que surgieran un sinnúmero de milicias armadas que con el paso del tiempo se dedicaron a delinquir y el Estado no las combatió. En efecto, tras las duras épocas de violencia colombiana de principios del siglo XX, como fue la *Guerra de los Mil Días* y la llamada época de *La Violencia* en los años cincuenta, en el país surgió un ascenso de la izquierda armada. El caso de Pedro Antonio Marín Marín, alias "Manuel Marulanda", es ejemplo de ello. "Marulanda" hizo parte de una milicia liberal que combatió en los campos. Más tarde esta milicia cayó bajo los influjos de la ideología comunista, con gran resonancia tras la victoria en 1959 de la Revolución cubana, y se constituyó en la guerrilla de las FARC. Colombia no tuvo un respiro de paz en todo el siglo XX, puesto que tan pronto terminaba un conflicto iniciaba otro alimentado por el odio. De este modo, podemos ver una constante ausencia de los deberes del Estado para con el pueblo generando la inconformidad de los ciudadanos y propiciando la generación de violencia.

Siendo así, para Uribe los constantes episodios de violencia en el país, no sólo afectaron la tranquilidad y seguridad de la población, sino que llevaron a otros problemas mucho más graves. "No cabe duda que la anarquía y la violencia desestimulan la inversión pública y privada, lo que a su vez repercute en la imposibilidad de los gobiernos para ampliar la cobertura de los servicios básicos y así mejorar la calidad de vida de la población" (Uribe, 2012, p57). Por lo tanto, para el expresidente, la violencia es la principal causa de la pobreza y la desigualdad en el país.

No podemos dejar pasar por alto que Uribe nunca consideró como una guerrilla a los grupos armados, como las FARC, sino como terroristas. La razón radicó en que Colombia ha tenido una larga tradición democrática, de las más estables de América Latina, y pese a las dificultades no se justifica que estos grupos al margen de la ley intenten destruirla.

Guerra y narcotráfico

Democracia y Seguridad Democrática

Para Álvaro Uribe Vélez, las FARC han atacado los símbolos de la democracia colombiana y su misión fue destruirla. El exmandatario en sus memorias recuerda que hasta 1988 los alcaldes en Colombia eran nombrados por los gobernadores de las regiones. Las FARC denunciaron siempre este procedimiento como ejemplo de una democracia imperfecta y exigieron un cambio para un posible desarme. No obstante, la mecánica cambió y los alcaldes pasaron a ser elegidos por elección directa y las FARC nunca mostraron interés en desmovilizarse. Uribe, descubrió una radiografía de un país cansado de los engaños de los grupos armados y totalmente ahogado en la violencia, los asesinatos y secuestros. Para el expresidente, en el año 2002 cuando comenzó su gobierno, los colombianos anhelaban seguridad. Para Álvaro Uribe Vélez, como el protector del imperio de la ley, los grupos guerrilleros en Colombia despreciaron la democracia y debieron ser combatidos con todo el rigor de un Estado fuerte.

Los políticos que promovieron el diálogo con los grupos armados, equipararon erróneamente el apaciguamiento con la civilidad, pero Uribe no comprendió por qué el

Estado fue visto como simple mediador, cuando pudo ser garante de seguridad y control territorial. La seguridad debe establecerse a muchos niveles, no sólo el Ejército y las fuerzas de seguridad son los que la defienden, sino que, cuando se trata de combatir a un enemigo, los mismos ciudadanos pueden cooperar con ella. Durante sus años de residencia en Inglaterra y sus estudios en la Universidad de Oxford, Uribe conoció un exitoso modelo de vigilancia vecinal en el sector en donde vivía. Tiempo después les escribiría a unos amigos en Colombia: "¿Ven? Aquí también entienden que la única manera de estar seguros es que los ciudadanos cooperen con las fuerzas de seguridad" (Uribe, 2012, p. 114). Sin saberlo, a temprana edad, estaba formando una idea de Estado que más tarde implementaría en su Política de Seguridad Democrática durante su gobierno.

Por lo tanto, para Uribe era necesario extender el imperio de la ley y la seguridad a todo el territorio colombiano. La propuesta consistía, no en llevar o provocar más violencia en el país, sino seguridad y paz, mediante la recuperación del control del ciento por ciento del territorio nacional. Para tal efecto, se enviarían militares y policías y "otros agentes de Estado" hasta los sectores más recónditos del país. Si se hacía esto, los beneficios serían una Colombia fuerte y segura. El hecho de que todos los colombianos disfrutaran de la seguridad que otorgaba el Estado fuerte, traería la paz, seguridad y autoridad. "Sun Tzu escribió: en el arte de la guerra el Estado debe tener el monopolio de la vida y de la muerte…" (Uribe, 2012, p156). Y bajo esta premisa nació la Seguridad Democrática de Álvaro Uribe Vélez.

De este modo, durante sus dos periodos presidenciales Uribe implementó con rigor su idea de seguridad y de Estado fuerte. En ese tiempo realizó lo que se puede definir como una crítica al estado neoliberal. Como bien se sabe, los neoliberales promueven la libertad económica reduciendo en la medida de lo posible la intervención del Estado. Pero para Uribe, el costo de la seguridad conllevaba unas obligaciones para todos. Los impuestos fueron una manera de financiar la Seguridad Democrática y todos los ciudadanos y empresarios los pagaron. Es así como Uribe concibió un Estado Total que se erigía por encima de cualquier organismo liberal y para ello era necesario gravar la riqueza para tener seguridad y paz.

3

Análisis del discurso de Álvaro Uribe Vélez en su libro: "No hay causa perdida", a la luz del concepto de *lo político* y *amigo - enemigo* del filósofo Carl Schmitt

Para el filósofo Carl Schmitt, la "democracia" no puede ser posible por fuera de los límites del concepto de un "Estado Total". Pero cuando Schmitt alude a un Estado Total lo hace entendiendo que absolutamente todo dentro de un Estado es político. Ninguna institución o ideología pueden existir fuera del status de lo político. De esta manera, entendemos que el Estado es el status político de un pueblo (gentes, ciudadanos…) organizado dentro de unas fronteras delimitadas territoriales. A partir de esta idea general, Schmitt idealiza la construcción de un Estado Fuerte liderado por un soberano que tenga "decisión" y que gobierne sobre el caos y combata a los enemigos. El término enemigo es sumamente importante en el pensamiento de Schmitt, en tanto se concibe como un agrupamiento público que se opone existencialmente a otro y debe ser combatido. Así, la guerra es un instrumento político válido para combatir el enemigo y mantener el orden.

En el desarrollo de este apartado no se pretende volver al pensamiento de Schmitt, en cuanto se hizo explícito en el primer apartado. No obstante, se hace una breve descripción de los elementos claves que utiliza Carl Schmitt, para direccionar el análisis. En aras del orden y una mejor explicación, se dividirá este análisis en las categorías básicas de análisis en lo tocante a Schmitt, para agrupar, en torno a cada una, las ideas más relevantes del discurso de Álvaro Uribe y desglosar su respectivo análisis sobre las similitudes del expresidente colombiano con el pensamiento del jurista alemán. Por tanto, las categorías de análisis serán dos: *lo político* y el *Estado Total* y *amigo - enemigo*.

Lo Político y el Estado Total

La consolidación de un imperio presidencial dentro de un marco constitucional es el ideal de Carl Schmitt. Como se mencionó anteriormente, la consolidación de un Estado Fuerte se establece dentro del status de lo político. Precisamente, Álvaro Uribe Vélez buscó la construcción de un Estado Fuerte y Total que velara por los pilares de la democracia, como seguridad, paz, participación ciudadana y las instituciones y leyes del Estado. Aunque Uribe aceptó que Colombia tuvo a lo largo de su vida republicana vacíos de poder por la difícil geografía del territorio, no comprende por qué ha prevalecido una incapacidad histórica para proyectar autoridad en todo el territorio nacional e imponer el orden.

En este punto, los pensamientos de Schmitt y del político colombiano concuerdan. Uribe, en reiteradas oportunidades afirmó que su deseo era construir un Estado Fuerte que recuperara el control de todo el territorio nacional para defender la democracia y extender a todos los rincones el imperio de la ley. "En efecto, desde los años sesenta en Latinoamérica la palabra "seguridad" se ha asociado a fascismo" (Uribe, 2012, p124), aunque no por ello pierde el valor crucial para una buena democracia. Según el expresidente colombiano, el concepto de hacer cumplir la ley se asocia a mano dura, estado de sitio y tropas de asalto, no obstante, los gobiernos deben trabajar por la seguridad sin pasar sobre los derechos humanos y respetando la ley.

Para Carl Schmitt, el Estado debe estar liderado por un gran líder capaz de tomar decisiones políticas en pro de su pueblo y el establecimiento del orden. De forma similar, a Uribe lo calificaron sus detractores de autoritario por su rudeza de carácter y por ordenar acciones que estaban, presuntamente, fuera de la ley. No obstante, Schmitt habla de un líder con decisión política y la autoridad suficiente para implementarla. Algo importante, es que Schmitt admite que la decisión política es "independiente" a la norma y que se ejerce en el *estado de excepción*. No hay que olvidar que el gran líder debe preservar el orden y frente a la crisis o amenaza debe tomar decisiones políticas en pro de la estabilidad y el orden, así no esté contemplado en el derecho. Efectivamente, en el discurso de Uribe se idealiza el concepto de Estado protector presente en todo el territorio y brindador de seguridad a la población, es decir, cualquier síntoma social que se salga de ese orden es mal visto y tiene que ser combatido.

La seguridad es un concepto que utiliza Uribe Vélez con frecuencia para explicar que por su ausencia la democracia colombiana estuvo en peligro. Pero, antes de desarrollar esta idea, cabe recordar que Carl Schmitt fue un férreo crítico del Estado Liberal, porque para él todo lo que converge dentro de un Estado es netamente político. En este orden de ideas, la economía, con la libertad que promulgan los neoliberales, hace parte de un Estado total político. Se resalta esta apreciación porque Uribe en cierta forma también atacó el sistema económico neoliberal. Durante su presidencia, el mandatario expresó la necesidad suprema de defender la democracia y su pilar máximo: la seguridad. Ese ideal era primordial sobre cualquier otro problema de Estado. Así, pese a que fue un impulsor de la inversión extranjera, el ex presidente gravó con impuestos a toda la sociedad colombiana y fortaleció los aportes a las Fuerzas Militares para combatir los delincuentes y defender la democracia.

Amigo – enemigo

La idea de *amigo y enemigo* es tal vez la más controvertida y polémica del teórico Carl Schmitt. Schmitt explica que los orígenes de la distinción entre *amigo-enemigo* puede encontrarse en la misma naturaleza cuando se constituyeron los pueblos y estos modificaron el espacio geográfico que los rodeaba. El sentido del enemigo no es simbólico ni mucho menos alegórico, sino que este adquiere un sentido existencial, es decir; un enemigo puede acabar con nosotros y arrebatarnos hasta la vida individual y colectiva. Ni siquiera el concepto de enemigo es una categoría jurídica.

De forma similar, para Uribe, el enemigo estaba claro: cualquier desestabilizador del orden y de la democracia, cualquiera que osara estar fuera del imperio de la ley. En el caso colombiano siempre han existido personajes y grupos contrarios al orden establecido desde el comienzo de la República. Bandoleros, revolucionarios, guerrilleros, paramilitares, narcotraficantes, la lista es larga. No obstante, el expresidente configuró el concepto de enemigo en los grupos armados al margen de la ley y en especial en la guerrilla de las FARC.

Sin embargo, para Schmitt el enemigo no se constituye totalmente como un elemento negativo, también posee aspectos positivos. Por ejemplo, un grupo político es capaz de encontrar su identidad a partir de la diferencia que se establece con su enemigo. Cuando Álvaro Uribe Vélez afirmó que sus enemigos eran todos aquellos que amenazaban la estabilidad de la democracia y llevaban inseguridad a todo el territorio, se enfocó en un problema específico del Estado colombiano y esto lo llevó a configurar toda su política y desarrollar su identidad.

De igual manera, el significado de "guerra" es para Schmitt un instrumento totalmente válido para la política. Sin embargo, la política no puede reducirse a la guerra, pero sí es una posibilidad válida de esta. Por consiguiente, la guerra se configura como un instrumento de lo político. Hay que precisar que Schmitt nunca estableció una teoría sobre la guerra, pero sí aseguró que el concepto hacía parte de lo político. Dentro del pensamiento de Uribe, el combate militar a los enemigos de Estado era la única salida para conseguir la seguridad y la paz. Según el mandatario los grupos armados tuvieron su oportunidad de diálogo y de entregar las armas, pero siempre engañaron y traicionaron la buena fe de los colombianos. Así fue que para el expresidente la paz se conseguiría con la seguridad y no con el diálogo.

Consideración Final

Indudablemente entre las ideas de Álvaro Uribe Vélez y el pensamiento del filósofo alemán Carl Schmitt encontramos similitudes. En el discurso del expresidente Uribe, en su texto *No Hay Causa Perdida*, se avizoraron prácticas del decisionismo político teorizado por Schmitt y un buen ejemplo práctico de la polarización *amigo-enemigo*. El ideal de Uribe estuvo enfocado dentro de una visión de gobierno que, acudiendo a prácticas decisionistas, buscaba la transformación social, política y económica, de un país en crisis. En ningún momento el político es ajeno al concepto de Estado fuerte y de líder soberano. Es más, durante la agitada y controvertida carrera política de Álvaro Uribe, se puede reconocer fácilmente la figura del *soberano* que, como rector del imperio de la ley, toma las decisiones necesarias para el bien común y mantener el orden, así estas (decisiones) no se contemplen en las leyes, es decir; el estado de excepción. El modelo de *Estado Total Político* y de un líder que reine sobre el caos, son categorías muy latentes en el pensamiento político uribista. Así como Schmitt disfrutó de los momentos de orden y disciplina, característicos de las etapas en guerra, el expresidente Uribe Vélez parecía disfrutar y, explotar su mayor potencial político, durante los estados de conmoción.

Por otro lado, la configuración de un enemigo público, que para Uribe eran las FARC, amenazaba permanentemente la estabilidad de la democracia en Colombia y para combatirlo fue válida la lucha armada. Esto fue un claro ejemplo de la dicotomía *amigo-enemigo* explicada por Schmitt en su obra *El concepto de lo político*. Para Álvaro Uribe, Colombia es un Estado fallido porque históricamente las instituciones públicas no han hecho presencia en todo el territorio y el país ha vivido en permanente desacato de la ley. En ese contexto, un grupo de rebeldes con ideales aparentemente coherentes, se tomaron el país burlando los valores de la democracia y llenando de terror el territorio. Uribe relató que las FARC causaron muchos daños a millones de colombianos con secuestros, extorsiones y atentados, incluidos ataques a su persona y a su familia, lo cual hizo que su lucha contra este grupo al margen de ley y el terrorismo fuera existencial.

Recordemos que para Schmitt el Estado debe ser político antes que económico o religioso, y Álvaro Uribe también compartió esa idea. Uribe justificó la implementación de impuestos para la seguridad, ya que por encima de todo estaba la estabilidad de la democracia. En muchos apartes de su libro el político habla del "Imperio de la Ley" que debe ser instaurado mediante la seguridad y la lucha del enemigo: las FARC. Es así que para Uribe, el Estado Colombiano es en principio político y todos los que componen dicho Estado deben propender para la conservación de este.

Álvaro Uribe Vélez personificó ese gran líder que rescataría a una nación del fracaso y quien manifestó no tenerle miedo a la muerte y estar dispuesto a morir por el bien de su país. Esa figura mesiánica y autoritaria, de la que no se aleja mucho Uribe, es muy similar a la personalidad aplaudida por el propio Schmitt de Benito Mussolini en Italia y de Adolf Hitler en la Alemania de mediados del siglo XX.

Para concluir, podríamos afirmar que el pensamiento de Álvaro Uribe Vélez, se asemeja a las teorías planteadas por el filósofo alemán, Carl Schmitt. En suma, el proceso de la conflictividad extrema y la visión *schmittiana* de lo político en la agrupación de los pueblos y posterior distinción entre *amigos y enemigos*, puede evidenciarse con claridad en el contexto colombiano, mediante el análisis del pensamiento del expresidente Álvaro Uribe Vélez.

Cuando se identifica al "otro" como enemigo y se pone en peligro la existencia de alguno de los dos, el conflicto es inevitable. Así, se constató que el expresidente Uribe libró una lucha de carácter existencial con su enemigo: las FARC. La dicotomía *amigo-enemigo* fue llevada a tal extremo que polarizó a la población colombiana en dos grupos: los terroristas y los que respetaban la ley, siendo esto un claro ejemplo de la dualidad *amigo-enemigo* teorizada por el jurista alemán Carl Schmitt.

De la visión de Estado también se pueden sacar algunas similitudes entre Schmitt y Uribe. Schmitt elabora una figura de un líder capaz de operar por la decisión soberana y ejercerla en el estado de excepción, es decir; una situación de desorden o conflicto que perturba el orden establecido. Es evidente que Álvaro Uribe Vélez vio en Colombia una nación en permanente estado de excepción y carente de decisión soberana.

Por ejemplo; en el año 2008, cuando Colombia vivía uno de los episodios más cruentos de su lucha contra las FARC, se dio la orden para la ejecución de la histórica Operación Fénix. Este operativo militar, que dio como resultado la muerte de Raúl Reyes, temido cabecilla de las FARC y portavoz internacional de esa organización, se desarrolló en Angostura, una zona selvática en la provincia ecuatoriana de Sucumbíos. La muerte de Reyes fue uno de los triunfos más sonados de la Seguridad Democrática del ex presidente Uribe y su impacto internacional fue abrumador. Evidentemente una fuerza militar de un país no puede incursionar, ni mucho menos atacar, en un territorio fuera de sus fronteras nacionales a menos que se esté en guerra con la otra nación. Sin embargo, la Fuerza Aérea Colombiana bombardeó el campamento de la guerrilla en Ecuador y esto significó un golpe letal para la estructura de mando de las FARC. Este hecho es un ejemplo claro de lo que Schmitt llamó decisión soberana en un estado de excepción, porque era evidente que el gobierno del Rafael Correa, presidente del Ecuador 2007-2017, protegía y apoyaba a las FARC, además de encubrirlas en su propio territorio. Como es lógico, los recurrentes reclamos de la cancillería colombiana para que se combatieran a los guerrilleros en Ecuador nunca produjeron resultados positivos. Por ende, al conocerse los informes de los servicios de inteligencia colombianos y la ubicación exacta del campamento guerrillero, el presidente Álvaro Uribe tomó la decisión de atacar. Si nos remitiéramos al pensamiento de Schmitt, existe una alta probabilidad de que el jurista alemán también hubiera dado la orden de ese ataque.

De esta forma, Uribe Vélez se ve a sí mismo como el encargado de tomar la decisión soberana para restablecer el orden. Hay que tener en cuenta que lo político para Schmitt radica en la permanente oposición de los seres humanos que los lleva a agruparse en amigos y enemigos, y de esta manera, otras categorías - económica o religiosa- no son más importantes que el carácter político del Estado. Por consiguiente, para Uribe fue más importante la conservación del Estado (político) de derecho mediante la implementación del imperio de la ley, es decir;

organismos como el económico o el religioso, siempre estuvieron subordinados a dicha condición.

Por tanto, si se busca un ejemplo moderno en donde las categorías de *lo político* y *amigo-enemigo* de Carl Schmitt puedan evidenciarse con claridad, los ocho años de gobierno de Álvaro Uribe Vélez en Colombia, y sus políticas implementadas, son un ejemplo de ello.

FIN.

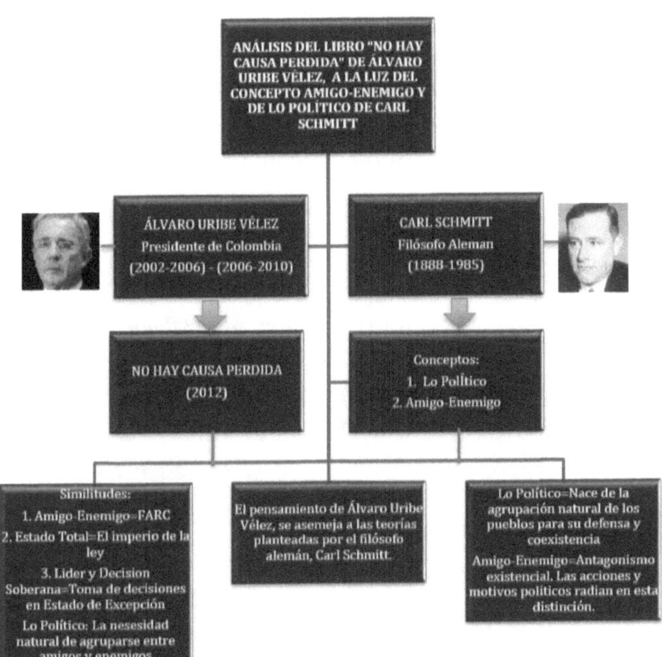

ANÁLISIS DEL LIBRO "NO HAY CAUSA PERDIDA" DE ÁLVARO URIBE VÉLEZ, A LA LUZ DEL CONCEPTO AMIGO-ENEMIGO Y DE LO POLÍTICO DE CARL SCHMITT
ÁLVARO URIBE VÉLEZ
Presidente de Colombia
(2002-2006) - (2006-2010)
CARL SCHMITT
Filósofo Aleman
(1888-1985)
NO HAY CAUSA PERDIDA
(2012)
Conceptos:
1. Lo Político
2. Amigo-Enemigo
Similitudes:
1. Amigo-Enemigo=FARC
2. Estado Total=El imperio de la ley
3. Lider y Decision Soberana=Toma de decisiones en Estado de Excepción
Lo Político: La nesesidad natural de agruparse entre amigos y enemigos
El pensamiento de Álvaro Uribe Vélez, se asemeja a las teorías planteadas por el filósofo alemán, Carl Schmitt.
Lo Político=Nace de la agrupación natural de los pueblos para su defensa y coexistencia
Amigo-Enemigo=Antagonismo existencial. Las acciones y motivos politicos radian en esta distinción.

Bibliografía

de La Fontaine, J. (18 de Enero de 2010). *20 Minutos*. Obtenido de https://blogs.20minutos.es/poesia/2010/01/18/el-lobo-y-cordero-jean-la-fontaine-1621-1695/

Delgado, M. C. (2011). El criterio amigo-enemigo en Carl Schmitt. *Cuadernos de Materiales*(23), 175-183. Obtenido de http://www.filosofia.net/materiales/pdf23/CDM11.pdf

Donato , O. M., & González, P. E. (2011). *Carl Schmitt. Análisis crítico a su obra jurídica, política y filosófica.* Bogotá: Universidad Libre.

Dotti, J. (2002). ¿Quién mató al Leviatán? *Deus Mortalis*(1), 93-19. Obtenido de http://www.saavedrafajardo.org/Archivos/deusmortalis/001/deusmortalis001-06.pdf

Dotti, J. (2002). *Carl Schmitt: su época y su pensamiento*. Buenos Aires: Eudeba .

Garzón Vallejo, I. (2011). ¿Kant o Schmitt? Perspectivas filosófico-políticas del conflicto armado. *Co-herencia, 5*(8), 65-82. Obtenido de http://publicaciones.eafit.edu.co/index.php/co-herencia/article/view/140

Herrera, H. (2015). *Grupo Pensamiento Crítico*. Obtenido de http://www.pensamientocritico.info/index.php/seminarios/iv-encuentro-internacional-de-pensamiento-critico-2014/351-el-concepto-de-lo-politico-segun-schmitt-lectura-desde-el-realismo-politico-de-franz-hinkelammert

Lanchester, F. (12 de Marzo de 2017). Carl Schmitt, un jurista frente a sí mismo. *Academia Moralis* , 203-223. Obtenido de http://www.carl-schmitt-studien.de/index.php/schmitt/article/view/32/17

Meier, H. (2008). *Carl Schmitt, Leo Strauss y El concepto de lo político*. Buenos Aires: Katz.

Real Academia Española . (2018). *La nueva plataforma profesional de recursos lingüísticos*. Obtenido de http://dle.rae.es/srv/fetch?id=DtpVc7a

Romo , S. (2014). *Universidad del Rosario*. Obtenido de http://repository.urosario.edu.co/handle/10336/8690

Schmitt, C. (2003). *El Leviathan en la teoría del Estado de Tomas Hobbes*. Granada: Comares .

Schmitt, C. (2014). *El Concepto de Lo Político*. Madrid: Alianza.

Sherratt, Y. (2014). *Los filósofos de Hitler*. Madrid : Cátedra .

Silva-Herzog Márquez, J. (Julio de 2003). Carl Schmitt. Jurisprudencia para la ilegalidad. *Revista de Derecho, 14*, 9-24. Obtenido de http://revistas.uach.cl/index.php/revider/article/view/2712

Uribe Vélez, Á. (2012). *No hay causa perdida* . Nueva York: Pengüin.

Van Dijk, T. (1980). *Texto y Contexto, semántica y pragmática del discurso*. Madrid: Cátedra .

www.ingramcontent.com/pod-product-compliance
Lightning Source LLC
Chambersburg PA
CBHW031148250726
48655CB00002B/884